Impressum
Verlag: BABADADA GmbH, Nedderfeld 112 , 22529 Hamburg
Geschäftsführer / Verlagsleitung: Harald Hof
Druck: Books on Demand GmbH, In de Tarpen 42, 22848 Norderstedt

Imprint
Publisher: BABADADA GmbH, Nedderfeld 112 , 22529 Hamburg, Germany
Managing Director / Publishing direction: Harald Hof
Print: Books on Demand GmbH, In de Tarpen 42, 22848 Norderstedt, Germany

la salle de classe
daree

diviser
hirii

186/2

le tableau noir
gabatee

la cour de récréation
dallaa mana baruumsaa

l'enseignant
barsiisaa

le papier
warqaa

écrire
barreessuu

le stylo
qalama

le bureau
minjaala

la règle
sarartuu

le livre
kitaaba

l'élève
barataa

le sac d'école

korojoo baattamu

la trousse

teessoo irsaasii

le crayon

irsaasii

le taille-crayon

qartuu irsaasii

la gomme

haqxuu

le carnet à dessin

paadii fakkii

le dessin
fakkii

le pinceau
burusha halluu

la boîte de peinture
saanduqa halluu

les ciseaux
maqasa

la colle
maxxansituu

le cahier d'exercices
daftara

les tâches
hojii manaa

le chiffre
lakkoofsa

additionner
ida'ii

soustraire
hir;isi

multiplier
bay;isi

calculer
heerregii

la lettre
xalayaa

l'alphabet
tarree qubee

le mot
jecha

le texte

kitaaba barataa

lire

dubbisuu

la craie

biroonkii

la leçon

baruumsa

le livre de classe

galmeessuu

l'examen

qormaata

le certificat

raga barreeffamaa

l'uniforme scolaire

uffata mana baruumsaa

la formation

barnoota

le lexique

insaaykiloopeediyaa

l'université

yuunivarstii

le microscope

maaykiroos kooppii

la carte

kaartaa

la corbeille à papier

qircaata gatoo

l'hôtel
hoteela

l'auberge
hosteela

le bureau de change
biiroo de cheenjee

la valise
shaanxaa kafanaa

la voiture
konkolaataa

la langue

afaan

oui / non

eyyeen / mitii

d'accord

haa ta'u

Salut

heloo

l'interprète

turjmaana

merci

galatoomaa

Combien coûte...?

meeqa

Je ne comprends pas

naaf hingalle

le problème

rakkoo

Bonsoir!

akkam ooltan

Bonjour!

akkam bultan?

Bonne nuit!

halkan gaarii

Au revoir

nagaatti nagaatti

la direction

kallattii

les bagages

ba'aa imalaa

le sac

korojoo

le sac-à-dos

ba'aa dugdaa

l'hôte

keessummaas

la pièce

kutaa

le sac de couchage

korojoo hirriibaa

la tente

dukkaana

l'office de tourisme	la plage	la carte de crédit
odeeffannoo turistii	qarqara haroo	kireedit kaardii
le petit-déjeuner	le déjeuner	le dîner
ciree	laaqana	irbaata
le billet	l'ascenseur	le timbre
tikkeetii	liiftii	chaappaa
la frontière	la douane	l'ambassade
daangaa	barmaatilee	embaasii
le visa	le passeport	
viizaa	paasspoortii	

l'avion
xayyaara

le navire
jabala

le véhicule de pompiers
injiiniinabiddaa

le bus
baasii

le camion
daandii figichaa

le bateau à moteur
idiruu mototoraa

la voiture
konkolaataa

la bicyclette
bishkliliitii

le ferry

bidiruu deeddebii

la barque

bidiruu

la moto

doqdoqqee

la voiture de police

konkolaataa foolisaa

la voiture de course

konkolaataa dorgommii

la voiture de location

konkolaataa kiraa

l'autopartage

onkolataa waliin gahuu

la dépanneuse

marsaa boqqoonna

la benne à ordures

daandii dhorkaa

le moteur

motora

l'essence

boba'aa

la station d'essence

buufata boba'aa

le panneau indicateur

mallattoo tiraafikaa

le trafic

tiraafika

l'embouteillage

cuccufaa daandii konkolaataa

le parking

dhaabbii konkolaataa

la gare

buufata baburaa

les rails

konkolaataa guddaa

le train

baabura

le tram

baabura eleektirikaa

le wagon

gaarii fardaa

l'hélicoptère

helikooftara

l'aéroport

buufata xayyaaraa

la tour

qooxii

le passager

keessummaa

le container

konteenara

le carton

kaartunii

le chariot

gaarii

la corbeille

qirccaata

décoller / atterrir

barrisuu / qubachuu

la ville

magaalaa gudaa

le village

araddaa

le centre-ville

handhuura magaalaa

la maison

mana

le cinéma
sinimaas

la publicité
dhaadhessuu

le réverbère
ibsaa daandii

la rue
godaanaa

le taxi
taksii

le kiosque
dukkaana isnaakii

le piéton
lafoo

le trottoir
ba'iinsa

le carrefour
ceetoo

le passage piéton
ceetoo zabraa

la poubelle
balfa

les feux de circulation
Ibsaatiraafikaa

la cabane

godoo

l'appartement

diriiraa

la gare

buufata baburaa

la mairie

galma magaalaa

le musée

muuziyeemii

l'école

baruumsaa

l'université

yuunivarstii

la banque

baankii

l'hôpital

hospitaala

l'hôtel

hoteela

la pharmacie

mana qorichaa

le bureau

waajjira

la librairie

dukkana kitaabaa

le magasin

dukkaana

le fleuriste

gurgurtuu abaabo

le supermarché

suppar maarkeetii

le marché

gabaa

le grand magasin

kuusaa dame

la poissonnerie

kiyyeessituu qurxxummii

le centre commercial

giddu gala gabaa

le port

buufata galaanaa

le parc
paarkii

la banque
tessoo dalgee

le pont
riqica

les escaliers
sibsaabii

le métro
Lafa jala

le tunnel
holqa

l'arrêt de bus
buufata konkolaataa

le bar
baarii

le restaurant
mana nyaataa

la boîte à lettres
saanduqa poostaa

le panneau indicateur
mallattoodaandii

le parcomètre
idoo dhaabbii konkolaataa

le zoo
dallaa beeladaa

le réverbère
haroo daakkaa

la mosquée
masgiida

la ville - magaalaa gudaa

la ferme

qonna

la pollution

faalama

le cimetière

iddoo awwaalchaa

l'église

charchii

l'aire de jeux

dirree taphaa

le temple

siidaa

le paysage

teechuma lafaa

la feuille
baala

le panneau indicateur
maxxansa beeksiisaa

le chemin
karaa

le pré
huruufa magariisa

la pierre
dhakaa

le randonneur
nama lafoo deemu

l'arbre
muka

la rivière
laga

l'herbe
mrga

la fleur
abaaboo

la vallée
sulula

la montagne
tabba

le lac
hara

la forêt
bosona

le désert
gammoojjii oo;aa

le volcan
dhooyinsalafaa

le château
masaraa

l'arc-en-ciel
sabbata waaqqaa

le champignon
jaarsa marqoo

le palmier
muka teemiraa

le moustique
bookee busaa

la mouche
balali'uu

les fourmis
mixii

l'abeille
kanniisa

l'araignée
sarariitii

le paysage - teechuma lafaa

le scarabée

boombii

la grenouille

hurrii

l'écureuil

shikookkoo

le hérisson

xaddee

le lapin

beelada illeentii fakkaatu

la chouette

jajuu

l'oiseau

simbira

le cygne

daakkiyyee

le sanglier

ifaannaa

le cerf

godaa

l'élan

godaa ameerikaatti argamu

le barrage

riqicha

l'éolienne

tarbaayinii buubbee

le panneau solaire

panaalii soolaarii

le climat

haala qilleensaa

le serveur
keessummeessaa

le menu
meenuu

la chaise
teessoo

la soupe
saamunaa

la pizza
piizaa

les services
katlarii

la nappe
uffata minjaalaa

les hors d'œuvre
calqabsiisaa

le plat principal
madda muummee

le dessert
deezaartii

les boissons
dhugaatii

l'alimentation
nyaata

la bouteille
qaruuraa

le fast-food

nyaata qophaa'aa

les plats à emporter

nyaata karaa irraa

la théière

markajii shaayii

le sucrier

qodaa shukkaaraa

la portion

uwwisa

la machine à expresso

maashina espereessoo

la chaise haute

teessoo ol ka'aa

la facture

nagahee

le plateau

tirii

le couteau

hlbee

la fourchette

shuukkaa

la cuillère

fal'aana

la cuillère à thé

fal'aana shaayii

la serviette

uffrata minjaala nyaataa

le verre

burcuqqoo

l'assiette

diiriiraa

l'assiette à soupe

teessoo saamunaa

la soucoupe

teessoo siinii

la sauce

sugoo

la salière

qodaa sooqiddaa

le moulin à poivre

daaktuu barbaree

le vinaigre

hadhooftuu

l'huile

zayita

les épices

qimamii

le ketchup

kachappii

la moutarde

sanaafica

la mayonnaise

maaynoneezii

l'offre promotionnelle
kenaa addaa

le client
maamila

les produits laitiers
oomish aannanii

les fruits
fuduraa

le caddie
baabura eelektirikaa

FOR

la boucherie

mana foonii

la boulangerie

tolchituu

peser

ulfaatina safaruu

les légumes

kuduraa

la viande

foon

les aliments surgelés

nyaataqorraa

la charcuterie foon qorraa	les conserves nyaata samsmaa	la poudre à lessive oomoo
les bonbons mi'aawaa	les articles ménagers oomisha meeshaa manaa	les détergents bu'aa qulqulleessuu
la vendeuse nama gurgurtaa	la caisse hanga	le caissier qarshi qabduu
la liste d'achats taree gabaa	les heures d'ouverture sa'aatii baniinsaas	le portefeuille krojoo qarshii kan dhiiraa
la carte de crédit kireedit kaardii	le sac korojoo	le sac en plastique korojoo pilaastikaa

l'eau
bishaan

le jus de fruit
cuunfaa

le lait
aannani

le coca
kookii

le vin
wayinii

la bière
biiraa

l'alcool
alkoolii

le chocolat chaud
kookaa

le thé
shaayii

le café
buna

l'expresso
espereesso

le cappuccino
kaappuchuunoo

la banane

muuzii

la pomme

aappilii

l'orange

burtukaana

le melon

meeloonii

le citron

loomii

la carotte

kaarotii

l'ail

qullubbii adii

le bambou

leemmana

l'oignon

qullubbii

le champignon

jaarsa marqoo

les noisettes

godoo

les pâtes

gowwaa

les spaghettis

ispaageetii

le riz

ruuza

la salade

salaaxaa

les frites

chiipsii

les pommes de terre rôties

moose affeelamaa

la pizza

piizaa

le hamburger

hmbargarii

le sandwich

saanduchii

l'escalope

kotaleetii

le jambon

foon booyyee kan luka
fuuiduraa

le salami

nyaata mi'eessituu fi
sooggiddan sukkummame

la saucisse

sausage

le poulet

lukuu

le rôti

waaddii

le poisson

qurxummii

les flocons d'avoine

bulluqa aajjaa

le muesli

masliis

les cornflakes

fandishaa

la farine

daakuu

le croissant

kiroosantii

les petits-pains

daabboo-

le pain

daabboo

le pain grillé

dabboo oo'aa

les biscuits

buskuuta

le beurre

dhadhaa

le fromage blanc

itittuu

le gâteau

keekii

l'œuf

buuphaa

l'œuf au plat

buuphaa affeelamaa

le fromage

ayibii

la glace

aays kireemii

le sucre

shukkaara

le miel

damma

la confiture

marmaalaataa

la crème nougat

chokkoleetii bittinnaa'aa

le curry

kuurii

la ferme
mana qonnaa

la grange
gootaraa

la botte de paille
tuulaa margaa

le champ
dirree

le cheval
farda

la remorque
konkolaataa harkifamaa

le poulain
ilmoo fardaa

le tracteur
konkolaataa qonnaa

l'âne
harree

le mouton
hoolaa

l'agneau
foon jabbii

la chèvre

ra'ee

la vache

sa'a

le veau

jabbilee

le porc

booyyee

le porcelet

ilmoo booyyee

le taureau

korma

l'oie

ziyyee

le canard

daakkiyyee

le poussin

lukkuu

la poule

lukkuu haadhoo

le coq

lukkuu kormaa

le rat

hantuuta

le chat

adurree

la souris

hantuuta goodaa

le bœuf

qotiyyoo

le chien

saree

le chenil

mana saree

le tuyau de jardin

ujjummoo oddoo

l'arrosoir

kan ittin bishaan obaasan

la faucheuse

haamtuu dheeraa

la charrue

qotuu

la faucille

haamtuu

la pioche

gasoo

la fourche

manshii

la hache

qotoo

la brouette

gaarii goommaa

la cuve

suluula

le pot à lait

meeshaa aannanii

le sac

keeshaa

la clôture

dallaa

l'étable

tasgabbii

la serre

mana biqiltuu

le sol

biyyee

les semences

sanyii

l'engrais

dachee gabbistuu

la moissonneuse-batteuse

kmbaayinara haamaa

récolter
haamuu

la récolte
haamuu

l'igname
biqiltuu hundeen isaa
nyaatamu

le blé
qamadii

le soja
sooy

la pomme de terre
moose

le maïs
boqqoolloo

le colza
raappii siidii

l'arbre fruitier
muka fudraa

le manioc
kzaavaa

les céréales
midhaan biilaa

la cheminée
hula aaraa

le toit
baaxii

la gouttière
ujummo bishaanii

la fenêtre
fooddaa

le garage
garaajii

la sonnette
bilibila balbalaa

la porte
balbala

la poubelle
teessoo balfaa

la boîte aux lettres
saanduqa xaiayaas

le jardin
oddoo

le salon

kutaa jireenyaa

la chambre de bain

kutaa dhiqannaa

la cuisine

mana bilcheessaa

la chambre à coucher

kutaa ciisichaa

la chambre d'enfant

kutaa ijoollee

la salle à manger

kutaa nyaataa

le sol

lafa

le mur

ededaa

le plafond

baaxii

la cave

seelaarii

le sauna

saawunaa

le balcon

baankoonii

la terrasse

madaba

la piscine

puulii

la tondeuse à gazon

konkoolaataa haamaa

la fourre de duvet

ansoolaa

la couette

uffata siree

le lit

siree

le balai

hartuu

le sceau

baaldii

l'interrupteur

cufuu

le papier peint
wolpeepparii

l'image
fakkii

la lampe
foon hoolaa

l'étagère
masalangaa

l'armoire
kaappi boordiis

la télé
tlevisziinii

la cheminée
midijjaa

la fleur
abaaboo

le coussin
boraatiii

le canapé
soofaa

le vase
tessoo abaaboo

la télécommande
too'attuu halaalaa

le tapis

afata

le rideau

golgaa

la table

minjaala

la chaise

teessoo

la chaise à bascule

teessoo rarra'aa

le fauteuil

teesoo ciqilffannaa

le livre

kitaaba

la couverture

uffata qorraa

la décoration

midhagina

le bois de chauffage

muka qoraanii

le film

fiilmii

la chaîne hi-fi

meeshaa

la clé

furtuu

le journal

gaazexaa

la peinture

dibuu

le poster

barjaa

la radio

reedyoonii

le bloc-notes

daftara yaadanoo

l'aspirateur

meeshaa eeleektirikaa afata
qulqulleessu

le cactus

laaftoo

la bougie

dungoo

le frigo
firiijii

le four à micro-ondes
midijjaa maayikirooweevii

la balance de cuisine
meeshaa bilcheessaa

le détergent
saaunaa

le toasteur
waaddituu

le compartiment congélateur
qabbaneessitu

le four
midijjaa

la poubelle
teessoo balfaa

le lave-vaisselle
saafaa

le four
....
bilcheesssituu

la casserole
....
okkotee

la marmite
....
cast-iron pot

le wok/kadai
....
sataatee

la poêle
....
waaddituu

la bouilloire électrique
....
markajii

le cuiseur vapeur

jabala humna urkaa

la plaque de cuisson

tirii bilcheessaa

la vaisselle

bantuu qaruuraa

le gobelet

geeba

le bol

sayinaa

les baguettes

dibata hidhii

la louche

cilfaa

la spatule

shuukkaa

le fouet

areeda aduurree

la passoire

dhimbiibduu

le tamis

gingilchaa

la râpe

meeshaa farfartuu

le mortier

mooyyee

le barbecue

waadii abiddaa

la cheminée

midijjaa

la planche à découper

maktafiyaa

le rouleau à pâtisserie

martuu

le tire-bouchon

bantuu qaruuraa

la boîte

danda'uu

l'ouvre-boîte

banuu danda'uu

les maniques

teesoo okkotee

le lavabo

lixuu

la brosse

buruushii

l'éponge

ispoonjii

le mixeur

meeshaa waliin makaa

le congélateur

qabbaneessaa guddaa

le biberon

xuuxxoo

le robinet

ujjuummoo

le chauffage
oo'istuu

la douche
shhworii

la serviette
baaldii

le rideau de douche
golgaa shaaworii

le bain moussant
daakaa bashannanaa

la baignoire
gabatee dhiqannaa

le verre
burcuqqoo

la machine à laver
maashina miiccaas

le robinet
ujjuummoo

le carrelage
billookkeetti

le pot
waan xiqqoo

le lavabo
lixuu

les toilettes

mana fincaanii

la toilette à la turque

mana fincaanii taa'e

le bidet

saafaa

l'urinoir

sahiinaa mana fincaanii

le papier toilette

sooftii

la brosse à toilette

burusha mana fincaanii

la brosse à dents

buruushii ilkaanii

le dentifrice

saamunaa ilkaanii

le fil dentaire

soqxuu ilkaanii

laver

dhiquu

la douche manuelle

qaama dhiqannaa aadaa

la douche intime

kan dach

la vasque

sulula

la brosse dorsale

mana dhiqataa

le savon

saamunaa

le gel douche

ibata dhiqannaa boodaa

le shampooing

shaampuu

le gant de toilette

jejuu

l'écoulement

gogsuu

la crème

kireemii

le déodorant

dodoraantii

le miroir

daawitii

le miroir cosmétique

daawitii hrkaa

le rasoir

milaacii

la mousse à raser

dibata areedaas

l'après-rasage

diibata areedaa

la peigne

filaa

la brosse

burusha

le sèche-cheveux

qoorsituu rifeensaa

la laque pour cheveux

hafuuftuu rifeensaa

le fond de teint

meekaappii

le rouge à lèvres

lippistiikii

le vernis à ongles

qeessa muculiksituu

l'ouate

jirbii

le coupe-ongles

murtuu qeessa

le parfum

shittoo

la trousse de toilette
korojoo dhiqannaa

le tabouret
gatteechuma

la balance
iskeelii ulfaatinaa

le peignoir
uffata dhiqannaa

les gants de nettoyage
guwaantii pilaastikaa

le tampon
moodesii

es serviettes hygiéniques
fooxaa qulquulinaa

la toilette chimique
keemikaala mana fincaanii

le réveil
sa'aatii alaarmii

le doudou
Eebbiyyoo Hammatamu

la voiture jouet
konkolaatt ijollee

la maison de poupée
mana eebbiyyo

le cadeau
jira

le hochet
hasaasuu

le ballon

baaloonii

le lit

siree

la poussette

gaarii daa'imaa

le jeu de cartes

Minjaala Kaardii

le puzzle

akaafaa

la bande dessinée

kofalchiisaa

les pièces lego

lego bricks

les blocs de construction

dlookii ijaarsaa

la figurine

lakkofsa gochaa

la grenouillère

guddina daa'imaa

le frisbee

saahinaa taphaa

le mobile

mobaayilii

le jeu de société

gabatee taphaa

le dé

kuubii lakk. 1-6 qabu

le train miniature

teessuma leenji'aa modeelaa

la sucette

fakkii

la fête

afeerrii

le livre d'images

kitaaba fakii

la balle

kubbaa

la poupée

eebiyyoo

jouer

tapha

le bac à sable

boolla cirrachaa

la balançoire

hodhuu

les jouets

eebbiyyoo

la console de jeu

konsoli tapha viidyoo

le tricycle

marsaa sadii

l'ours en peluche

eebiyyo hammatamtu

l'armoire

sanduqaa dhaabbii

les vêtements
cuufinsa

les chaussettes

kaalsii

les bas

istookingii

le collant

taayitii

l'écharpe
guftaa

le parapluie
dibaaboo

le t-shirt
qomee

la ceinture
qabattoo

les baskets
leenjitoota

les bottes
bidiruuwwan

les pantoufles
slipparii

les sandales

kophee banaa

les chaussures

kophee

les bottes de caoutchouc

bidiruu pilaastikaa

le linge de corps

butaantaa

le soutien-gorge

harmaa

le maillot de corps

sadariyyaa

les vêtements - cuufinsa

le body

qaama

le pantalon

kofoo dheeraa

le jean

jiinsii

la jupe

dalgee

le chemisier

shamiza

la chemise

shurraaba

le pull

shurraaba

le pull-over à capuche

haaguuggii jaakkeettii

la veste

yuunifoormii

la veste

jaakkeettii

le manteau

kootii

l'imperméable

kafana roobaa

le costume

barsuma

la robe

wandaboo

la robe de mariée

kafana gaa'ilaa

le costume

kafana guutuu

la chemise de nuit

uffata halkanii

le pyjama

bijaamaa

le sari

wandaboo hindii

le foulard

guftaa

le turban

marata

la burqa

burqaa

le caftan

jalabiyyaa

l'abaya

abaya

le maillot de bain

kafana daakkaa

le costume de bain

mudhii

les cuissettes

kofoo gabaabaa

la tenue d'entraînement

kafanafgichaa

le tablier

appiroonii

les gants

guwwaantii

le bouton
furtuu

les lunettes
burcuqqoowwan

le bracelet
gumee

le collier
amartii

la bague
qubeelaa

la boucle d'oreille
glii

le bonnet
geeba

le cintre
fanoo kootii

le chapeau
qoobii

la cravate
karbaata

la fermeture éclair
ziippii

le casque
heelmeetii

les bretelles
collee

l'uniforme scolaire
uffata mana baruumsaa

l'uniforme
yuunifoormii

le bavoir

kafana gorooraa

la sucette

fakkii

la couche

naappii

le bureau
waajjira

l'armoire d'archivage
faayil kaabineetii

le serveur
sarvarii

l'imprimante
piriintarii

l'écran
moonitarii

le papier
warqaa

le bureau
minjaala

la souris
maawzii

le classeur
fooldarii

le clavier
kiiboordii

la corbeille à papier
qircaata gatoo

l'ordinateur
kompitara

la chaise
teessoo

la tasse à café

siinii bunaa

la calculatrice

herregduu

l'internet

intarneetii

l'ordinateur portable

lab tooppii

la lettre

xalaya

le message

ergaa

le portable

mobbyilii

le réseau

neetwoorkii

la photocopieuse

maashina footokoppii

le logiciel

sooft weerii

le téléphone

bilbila

la prise

sookkeetii suuqii

le fax

maashina faaksiis

le formulaire

uunkaa

le document

dookimantii

acheter
bituu

payer
kafaluu

marchander
daldaluu

la monnaie
qarshii

le dollar
doolaara

l'euro
yuroou

le yen
yen

le rouble
ruubilii

le franc suisse
Farankaa swwiz

le renminbi yuan
yuwaanii reenmiinbii

la roupie
ruuppee

le distributeur automatique
kaash pooyintii

le bureau de change

biiroo de cheenjee

l'or

warqee

l'argent

meeta

le pétrole

zayita

l'énergie

human

le prix

gatii

le contrat

koontiraata

la taxe

taaksii

l'action

shaqaxa

travailler

hojjechuu

l'employé

qacaramaa

l'employeur

qacaraa

l'usine

faabrikaas

le magasin

dukkaana

l'agent de police
qondaala foolisii

le pompier
hojetaa balaa abiddaa

le cuisinier
bilcheessituu

le médecin
doktora

le pilote
paayileetii

le jardinier

waardiyyaa

le menuisier

ogeessa mukaa

la couturière

ooftuu jabalaa

le juge

abbaa seeraa

le chimiste

keemistii

l'acteur

ta'aa

le conducteur de bus

konkolaachisaa

le chauffeur de taxi

konkolaachisaataaksii

le pêcheur

qurxumii kiyyeessaa

la femme de ménage

qulqulleessituu

le couvreur

hojetaa baaxii

le serveur

keessummeessaa

le chasseur

adamisituus

le peintre

halluu dibduu

le boulanger

tolchituu

l'électricien

elektrishaana

l'ouvrier

ijaaraa

l'ingénieur

injinara

le boucher

mana foonii

le plombier

hjjetaa ujummoo

le facteur

poostaa geessituu

le soldat

raayyaa

l'architecte

arkteektii

le caissier

qarshi qabduu

le fleuriste

abaaboo gurgurtuu

le coiffeur

dabbasaa murtuu

le contrôleur

kondaaktara

le mécanicien

makaanika

le capitaine

kaappiteenii

le dentiste

hakiima ilkee

le scientifique

saayntiistii

le rabbin

rabbi

l'imam

imaama

le moine

moloskee

le prêtre

luba

le marteau
burruusa

les pinces
hiktuu cufamu

le tournevis
hiiktuu

la clé
hiktuu

la torche
daamotii--

la pelleteuse

gasoo

la boîte à outils

saanduqa meeshhalee

l'échelle

kortoo

la scie

magaazii

les clous

bismaara

la perceuse

diriilii

réparer
....
suphuu

la pelle
....
akaafaa

Mince!
....
dhaabi

la pelle
....
gataa balfaa

le pot de peinture
....
qodaa haalluu

les vis
....
hiktuu

les instruments de musique
meeshaalee muuziqaa

le haut-parleur
sagalee guddistuu

la batterie
teessoo dibbee

la guitare
gitaara

la contrebasse
sagalee baay'ee xiqqaa

la trompette
tiraampeetii

le piano

piyaanoo

le violon

vaayoolinii

la basse

sagalee xiqqaa

les timbales

timpaanii

le tambour

dibbee

le piano électrique

kiiboordii

le saxophone

saaksi foona

la flûte

ulullee

le microphone

may craafoona

l'entrée
seensa

le tigre
qeerreensa

la cage
garondoo

le zèbre
hare diidoo

l'alimentation animale
soorata beeladaa

le panda
paandaa

les animaux

beeladoota

l'éléphant

arba

le kangourou

kaangaaroo

le rhinocéros

warseesa

le gorille

jaldeessa guddaa

l'ours

godaa

le chameau

gala

l'autruche

guchii

le lion

leenca

le singe

jaldeessa

le flamand rose

fiilaamingoo

le perroquet

simbira dubbattu

l'ours polaire

diibii poolarii

le pingouin

peengyuunii

le requin

shaarkii

le paon

piikookii

le serpent

bofa

le crocodile

qocaa

le gardien de zoo

eegaa zoo

le phoque

chaappaa

le jaguar

sanyii qeerensaa

le zoo - dallaa beeladaa

le poney

farda gabaabduu

le léopard

sanyii qeerrensaa

l'hippopotame

roobii

la girafe

sattaawwaa

l'aigle

culullee

le sanglier

ifaannaa

le poisson

qurxummii

la tortue

qocaa galaanaa

le morse

beelada bishaan keessaa

le renard

sardiida

la gazelle

godaa

l'american Football
kubbaa miilaa ameerikaa

le cyclisme
dargmmii bishkilileettaa

le tennis
teenisa

le basket-ball
kubba kaachoo

la natation
bishaan daakkaa

la boxe
aboottoo

le hockey sur glace
sigigoo cabbie

le football
kubbaa miilaa

le badminton
baadmentanii

l'athlétisme
atileetii

le handball
kubba harkaa

le ski
skiing

le polo
pooloo

rire
kolfa

sauter
utaalcha

embrasser
hammachuu

marcher
deemuu

chanter
sirbuu

rêver
abjuu

prier
kadhannaa

faire la bise
dhungoo

écrire

barreessuu

dessiner

fakkii kaasuu

montrer

agrsiisuu

pousser

dhiibuu

donner

kennuu

prendre

fudhachuu

avoir

qabaachuu

faire

gochuu

être

ta'uu

être debout

dhaabbachuu

courir

kaachuu

trier

harkisuu

jeter

darbachuu

tomber

kufuu

être couché

soba

attendre

eeguu

porter

baachuus

être assis

taa'uu

s'habiller

uffachuu

dormir

rafuu

se réveiller

dammaquu

regarder
ilaaluu

pleurer
iyyuu

caresser
dhiibbaa dhiigaa

peigner
filuu

parler
haasa'uu

comprendre
hubachuu

demander
gaafachuu

écouter
dhggeeffachuu

boire
dhuguu

manger
nyaachuu

ranger
ol kaasuu

aimer
jaalala

cuire
bilcheessuus

conduire
oofuu

voler
barrisuu

faire de la voile

jabalan

calculer

heerregii

lire

dubbisuu

apprendre

baruumsa

travailler

hojjechuu

se marier

fuudha

coudre

hodhuu

se brosser les dents

ilkaan rigachuu

tuer

ajjeecha

fumer

xuuxuu

envoyer

erguu

raa haadhaa

le grand-père
akaakayyuu karaa abbaa

le père
abbaa

la mère
haadha

le bébé
daa'ima

la fille
intala durbaa

le fils
ilma dhiiraa

l'hôte
keessummaas

la tante
adaadaa

l'oncle
eessuma

le frère
obboleessa

la sœur
obboleettii

le front
adda

l'œil
ija

l'épaule
ceekuu

le doigt
quba

le visage
fuula

le menton
igicii

la main
harka

la poitrine
harma

la jambe
luka

le bras
irree

le bébé

daa'ima

l'homme

nama

la femme

dubartii

la fille

durba

le garçon

mucaa

la tête

mataa

le dos
duuba

le ventre
godhami

le nombril
belly button

l'orteil
qubq miilaa

le talon
koomee

l'os
lafee

la hanche
dirra

le genou
jilba

le coude
ciqilee

le nez
fuunyaan

les fesses
jala

la peau
gogaa

la joue
boqoo

l'oreille
gurra

la lèvre
hidhii

la bouche

afaan

la dent

ilkee

la langue

arraba

le cerveau

sammuu

le cœur

onnee

le muscle

fon irree

les poumons

somba

le foie

tiruu

l'estomac

garaacha

les reins

kaleewwan

le rapport sexuel

wal qunnamitii saalaa

le préservatif

kondomii

l'ovule

buphaa dubartii

le sperme

mi'oo

la grossesse

ulfa

la menstruation

laguu ji'aa

le vagin

buqushaa

le pénis

tuffee

le sourcil

laboobbaa ijaa

les cheveux

rifeensa

le cou

morma

l'hôpital
hospitaala

l'ambulance
ambulaansii

le fauteuil roulant
wiilchaariis

la fracture
caba

le médecin

doktora

le service des urgences

kutaa hatattamaa

l'infirmière

narsii

l'urgence

hatattama

inconscient

kan hin dammaqin

la douleur

dhukkubbii

la blessure

miidhhaa

l'hémorragie

dhiiguu

la crise cardiaque

dhukkuba onnee

l'attaque cérébrale

baay'ina dhiigaa

l'allergie

hooqxoo

la toux

qufaa

la fièvre

oo'aa qaamaa

la grippe

qufaa

la diarrhée

baasaa

le mal de tête

bowoo mataa

le cancer

kaansarii

le diabète

dhibee sukkaaraa

le chirurgien

baqaqsanii hodhuu

le scalpel

halbee

l'opération

hojii

le CT

CT

la radiographie

raajii

l'échographie

aaltraasaawandii

le masque

haguuggii fuuiaa

la maladie

dhukkuba

la salle d'attente

kutaa haar galfii

la béquille

hirkannaa

le pansement

pilaastara

le pansement

baandeejii

l'injection

limmoo waraanuu

le stéthoscope

isteetskooppi

le brancard

siree dhukkubsataa

le thermomètre

termoo meetira klinikaa

l'accouchement

dhaloota

le surpoids

ulfaatinaa ol

l'appareil auditif

gargaaraa dhageettii

le désinfectant

qoricha aramaa

l'infection

miidhama keessaa

le virus

vaayirasa

le VIH / le sida

ECH AAIVII / EEDSII

le médicament

qoricha

la vaccination

talaallii

les tablettes

kiniinii

la pilule

kiniinii

l'appel d'urgence

waamicha hatattamaa

le tensiomètre

too'attuu dhiibbaa dhiigaa

malade / sain

dhukkuba / fayyaa

Au secours!

gargaarsa!

l'alarme

alaarmiis

l'agression

weerara

l'attaque

miidhuu

le danger

suukaneessaa

la sortie de secours

baha hatattamaa

Au feu!

abidda

l'extincteur

abidda dhaamisituu

l'accident

balaa

la trousse de premier
secours
saanduqa gargaasa
calqabaa

SOS

Sii'oosii

la police

foolisii

l'Europe

awurooppaa

l'Amérique du Nord

ameerikaa kabaa

l'Amérique du Sud

ameerikaa kibbaa

l'Afrique

afrikaa

l'Asie

eesiyaa

l'Australie

awustraaliyaa

l'Océan atlantique

atilaantik

l'Océan pacifique

paasfiik

l'Océan indien

galaana hindii

l'Océan antarctique

galaana antaartikaa

l'Océan arctique

galaana arkitiik

le Pôle nord

polii kaabaa

le Pôle sud

polii kibbaa

l'Antarctique

antaartikaa

la terre

dachee

le pays

dachee

la mer

garba

l'île

odola

la nation

lammii

l'état

kutt biyyaa

le cadran

clock face

l'aiguille des heures

sa'aatii kana

l'aiguille des minutes

daqiiqaa kana

l'aiguille des secondes

moofaa

Quelle heure est-il?

yeroon meeqa ta'ee?

le jour

guyyaa

le temps

yeroo

maintenant

amma

la montre digitale

sa'aatii diiskoo

la minute

daqiiqaa

l'heure

sa'aatii

la semaine

torbee

lundi
hojjaa duraa

mercredi
roobii

vendredi
jimaata

samedi
sanbata xiqqaa

mardi
lammaffo

jeudi
kamisa

dimanche
sanba quddaa

hier
....
kaleessa

aujourd'hui
....
har'a

demain
....
boru

le matin
....
ganama

le midi
....
guyyaa qixxee

le soir
....
galgala

les jours ouvrables
....
guyyaa hojii

le week-end
....
dhuma forbee

la pluie
rooba

l'arc-en-ciel
sabbata waaqqaa

le vent
bubbee

la neige
cabbii

le printemps
birraa

l'été
bona

l'automne
arfaasaa

l'hiver
ganna

4.APRIL	11°
5.APRIL	4°
6.APRIL	13°
7.APRIL	8°
8.APRIL	10°

la météo
....
raaga haala qileensaa

le thermomètre
....
teermoomeetirii

la lumière du soleil
....
baha aduu

le nuage
....
duumessa

le brouillard
....
hurii

l'humidité
....
jiidha

la foudre

bakakkaa

le tonnerre

balaqqee

la tempête

dirrisa

la grêle

cabbii

la mousson

monsoon

l'inondation

lolaa

la glace

cabbie

janvier

Amajjii

février

Gurraandhala

mars

Bitootessa

avril

Eebila

mai

Caamsaa

juin

Waxabajji

juillet

Adooleessa

août

Hagayya

septembre

Fulbaana

octobre

Onkololeessa

novembre

Sadaasa

décembre

Muddee

les formes

boca

le cercle

geengoo

le carré

isqeerii

le rectangle

rog arfee

le triangle

rg sadee

la sphère

molaalee

le cube

kuubii

blanc

adii

jaune

boora

orange

keelloo

rose

boorilee

rouge

diimaa

violet

bunnii

bleu

cuqliisa

vert

magariisa

marron

magaala

gris

bulee

noir

gurraacha

beaucoup / peu

baay'ee / xiqqoo

fâché / calme

aara / gammachuu

joli / laid

bareeda / fokkuu

le début / la fin

calqaba / xumuura

grand / petit

guddaa / xiqqaa

clair / obscure

ifa / dukkana

le frère / la sœur

obboleessa / obboleettii

propre / sale

qulqulluu / xurii

complet / incomplet

xumuuramaa / kan hin
xumuuramin

le jour / la nuit

guyyaa / halkan

mort / vivant

du'aa / jiraa

large / étroit

bal'aa / dhiphaa

comestible / incomestible

kan nyaatamu / kan hin nyaatamne

méchant / gentil

badd / gaarii

excité / ennuyé

gammachuu / ifannaa

gros / mince

furdaa / qal'aa

le premier / le dernier

calqaba / dhuma

l'ami / l'ennemi

michuu / diina

plein / vide

guutuu / duwwaa

dur / souple

sakoruu / lalllaafaa

lourd / léger

ulfaataa / salphaa

faim / soif

beeluu / dheebuu

malade / sain

dhukkuba / fayyaa

illégal / légal

seer malee / seera qabeessa

intelligent / stupide

gaanfuree / dabeessa

gauche / droite

bitaa / mirga

proche / loin

maddii / fagoo

nouveau / usé
haara'a / moofaa

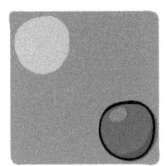

rien / quelque chose
homma / waan tokko

vieux / jeune
jaarsa / dargaggeessa

marche / arrêt
ibsuu / dhaamsuu

ouvert / fermé
banuu / cufuu

faible / fort
callisuu / sagalee olkaasuu

riche / pauvre
sooressa / hiyyeessa

correct / incorrect
sirrii / dogongora

rugueux / lisse
sokorruu / lallaafaa

triste / heureux
aara / gammachuu

court / long
dheeraa / gabaabaa

lent / rapide
qususaa / collee

mouillé / sec
jiidhaa / goggogaa

chaud / froid
oo'aa / qorraa

la guerre / la paix
lola / nagaa

0

zéro
duwwaa

1

un
tokko

2

deux
lama

3

trois
sadis

4

quatre
afur

5

cinq
shan

6

six
jaha

7

sept
torba

8

huit
saddeet

9

neuf
sagal

10

dix
kudhan

11

onze
kudha tokko

12

douze

kudha lama

13

treize

kudha sadi

14

quatorze

kudha afur

15

quinze

kudha shan

16

seize

kudha jaha

17

dix-sept

kudha torba

18

dix-huit

kudha saddeet

19

dix-neuf

kudha sagal

20

vingt

diigdama

100

cent

dhibba

1.000

mille

kuma

1.000.000

le million

maliyoona

l'anglais

Ingiliffa

l'anglais américain

Ingiliffa Ameerikaa

le chinois mandarin

Mandarinii chaayinaa

le hindi

Afaan Hindii

l'espagnol

Afaan Speen

le français

Afaan Faransaay

l'arabe

Afaan Arabaa

le russe

Afaan Raashaa

le portugais

Afaan Poortugaal

le bengali

Afaan Beengaal

l'allemand

Afaan Jarman

le japonais

Afaan Jaappaan

je

ana

tu

si

il / elle

isa / ishii / isa / wantootaf

nous

nu'ii

vous

isin

ils / elles

isan

qui?

eenyuu?

quoi?

maal?

comment?

akkamitti

où?

eessa?

quand?

hoom?

le nom

maqaa

derrière

duuba

dans

keessa

devant

fuldura

au-dessus

irra

sur

gubbaa

en-dessous

jala

à côté de

maddii

entre

gidduu

le lieu

bakkee